Lk 3097
A.

RECHERCHES HISTORIQUES
SUR
LA VILLE D'HARFLEUR,

Par M. Letellier,

Chevalier de l'Ordre Royal et Militaire de St-Louis, ancien Maire et Échevin de la Ville d'Harfleur.

INGOUVILLE,
Imprimerie de Lepetit, Grande-Rue, 42.
A Montivilliers, chez Hersay, Libraire.
1841.

RECHERCHES HISTORIQUES

SUR

LA VILLE D'HARFLEUR

Par A. Collin

(Ancien juge d'Ostre, docteur en Médecine de St-Louis, ancien Maire et Historien de la Ville d'Harfleur)

LISIEUX,
Imprimerie de Apperti-Bompain,
Rue Courtillière, ancien chemin d'Orbec, 46.

1841.

RECHERCHES HISTORIQUES

SUR

LA VILLE D'HARFLEUR,

Par M. Letellier,

Chevalier de l'Ordre royal et Militaire de St-Louis, ancien Maire et Échevin de ladite Ville.

INGOUVILLE.

Imprimerie de Le Petit, Grande-Rue, 42.

1841

RECHERCHES HISTORIQUES

SUR

LA VILLE D'HAZEBROUCK

L'étymologie du nom d'Hazebrouck nous apprend qu'il a existé un bois de lièvres près de l'emplacement où pendant de longues années s'éleva l'Église d'Hazebrouck y compris, ce sont les mêmes les Frères de Jérusalem; la salle (?) qui disparut à cause de la végétation qui s'y était répandu. (1)

Je dis cela parmi d'un reste, d'un appendice Hasebrouck, ce qui en langue Tudesque signifie lièvres.

(1) du feuillets de Lodger Eyzen Guida.

RECHERCHES HISTORIQUES

SUR

LA VILLE D'HARFLEUR.

L'origine de la ville d'Harfleur est inconnue; il paraît qu'elle existait du tems de Jules-César, puisque lui ou son lieutenant fit construire une chaussée de cette ville à Caudebec et qu'il y employa, suivant la tradition, les pierres de démolition de Callet (*) et qu'il fit raser à cause de la résistance qu'il y avait éprouvée (1).

Sous la première race de nos rois, elle s'appelait *Herauffluet*, ce qui, en langage Teutonique, signifiait

(*) Le territoire de St-Romain-de-Colbosc.

au-dessus du fleuve; *Huntenfluet*, exprimait ce qui est au-dessous du fleuve (on a dit depuis Herfleur), d'où sont dérivés vraisemblablement Harfleur et Honfleur; le premier au nord, le second au midi (2).

Année 412.

Arthur, roi d'Angleterre, passe la mer, descend à Harfleur, pour aller combattre Lucius, général romain, l'atteint près de Paris, les défait, et le tue de sa main, revient à Harfleur, fait achever une enceinte flanquée de tours au-delà du port des Galères, que les Romains avaient laissée imparfaite : il en reste encore des vestiges (3).

830.

Les Normands font une descente, sont repoussés avec perte et se rembarquent pour aller à Barfleur.

860.

Rollon ou Raoul descend à Harfleur (4).

1066.

Embarquement d'un grand nombre de barons et seigneurs Normands qui descendent à Douvres pour la conquête de l'Angleterre : le sire d'Harcourt était du nombre.

1170.

Mariage de Marguerite, fille de Louis VII, avec Henri le jeune, au *Court-Mantel*, fils de Henri II, roi d'Angleterre, en faveur duquel Harfleur fut cédé aux Anglais; *ce qui causa un grand chagrin aux princes, comme étant très considérable et le poste plus avantageux de la Normandie* (5).

1202.

Philippe-Auguste, s'empare d'Harfleur et de la Normandie.

1346.

Philippe de Valois fait un grand armement à Harfleur; on y construit le plus grand et le plus beau navire qu'on eût jamais vu; l'Amiral de

France, les sires de Conti et de Saint-Pol, devaient le monter, avec 2000 d'armes, on devait y joindre plusieurs vaisseaux qu'on avait fait acheter à Gênes et descendre à Douvres. L'expédition n'eut pas lieu, parce que Jean de Montfort attira les Anglais en Bretagne; le roi y porta la guerre, et pendant cette diversion Harfleur fut pris, saccagé, les habitans dépouillés et conduits en Angleterre.

Cette ville était alors tres commerçante, quoique située moins heureusement que le Hâvre-de-Grace, formé depuis par la nature (6).

1369.

Autre armement à Harfleur d'un grand nombre de vaisseaux. Charles V veut aussi porter la guerre en Angleterre, mais le duc de Lancastre descend à Calais et ravage le pays : Charles V va à sa rencontre, le trouve campé entre Ardes et Guines, lui présente bataille; les seigneurs s'ennuient de ce que l'ennemi ne sort pas de ses lignes et se dispersent; Lancastre traverse une partie de la Picardie et de la Normandie, en pillant et volant, arrive devant Harfleur dans le dessein d'y brûler l'armée navale, reste trois jours devant la ville, trouve que les habitans sont disposés à le bien recevoir, et s'en retourne de la même manière (7).

1415.

Premier siège d'Harfleur.

Henri V descend au Chef-de-Caux (*) le *treize* août, et, pendant la nuit du quatorze, s'empare de *Port-au-Hoc*, à l'embouchure de la Lézarde dans la Seine ; sa flotte était de seize cents vaisseaux, l'armée était de trente mille hommes, sans compter les canonniers et autres usans d'engins ; il y avait, dans la ville, quatre cents hommes d'armes, commandés par le capitaine (gouverneur) d'Estouteville, et tous les bourgeois prirent les armes ; ils firent de vigoureuses sorties sur les assiégeans, mais la poudre à canon et les traits que le roi

(*) D'anciens titres disent, quief de Caux, pour des abornemens de terrein, on dit le chemin tendant de Monstiervilliers, (Montivillier,) au port de Sanvic, et le quief de Caux.

Henri V fit boucher le port de Sanvic, avec ses nacelles remplies de pierres.

Charles VI leur envoyait ayant été interceptés, une partie des murailles étant renversée par les batteries, ils obtinrent une trêve de trois jours, pendant lesquels Baqueville alla exposer au roi qui était à Vernon, l'état déplorable ou place était réduite. Sur la réponse que lui fit le prince, que son armée n'était pas assemblée et qu'il n'avait aucun secours à donner, la ville se rendit le vingt-quatre septembre. Les nobles et chevaliers furent envoyés à Calais : ou ils se rançonnèrent; la plus grande partie des bourgeois eut le même sort; il en sortit seize cents familles qui furent, pour punition de leur résistance, dépouillées de leurs possessions et héritages. Henri V déclara que ceux qui restaient (les plus pauvres) ne pourraient acquérir aucune maison ni la tenir héréditairement, et fit brûler, sur la place publique, toutes les chartres, priviléges, franchises, papiers et registres héréditaux de ces malheureux habitans (8).

1416.

Le duc de Bedford arrive avec trois cents voiles devant Harfleur, il défait les caraques et vaisseaux qui le bloquaient par mer et y jette des vivres;

deux mois après, l'amiral de Harington attaque une autre flotte, composée de vaisseaux Français, Génois et Espagnols; ceux-ci prennent la fuite, les navires Français et Génois sont *déconfits*, et Harfleur est approvisionné une seconde fois.

De 1417 à 1434.

Les Anglais, à la faveur d'Harfleur qui leur servait de place d'armes, se rendent maîtres du pays de Caux; toutes les années sont marquées par des combats dans lesquels la noblesse du pays se signala. *Jean de Grouchy, sire de Monteraulier,* les défit en trois rencontres (9).

1435.

Conspiration de *cent quatre* habitans originaires d'Harfleur, qui y étaient restés: ils engagent Le Carnier, commandant des communes du pays de Caux, de s'approcher des murailles pendant la nuit; il était soutenu par le maréchal de Rieux, qui tenait la campagne avec *quatre mille chevaux.* Jean de Grouchy, sire de Monteraulier, à la tête des Cauchois, escalade la ville le 4 *novembre*, à la pointe du jour; les *Cent-Quatre* se mêlent aux assaillants; les Anglais se battent en désespérés et sont enfin taillés en pièces, à la réserve de 400 hommes qui se jettent dans leurs vaisseaux et retournent en Angleterre, sous la conduite de Guillaume Viénois; nous perdîmes, de notre côté, le brave Grouchy, surnommé le père des Cauchois (*), *dont il fut grand dommage*, dit la chronique : Montreuil, Bellay, le bâtard de l'Angle et 40 des nôtres. Cette expédition fut suivie de la réduction des villes et châteaux des environs, et les enfans de ceux qui étaient morts à Calais revinrent habiter leur chère patrie. C'est en mémoire de ce glorieux événement qu'on sonna depuis tous les matins, à la pointe du jour, 104 coups de cloche à l'église paroissiale (10).

1458.

Second siège d'Harfleur, par les Anglais, mais le maréchal de Rieux les oblige à se retirer.

(*) Un de ses descendants, M. de Grouchy, seigneur de Villette, près Meulan, a aumôné, en 1778, aux Pauvres d'Harfleur, une distribution annuelle de Pain, qui leur est délivrée le jour de la cérémonie commémorative de cette heureuse révolution.
Cette fête commémorative a été renouvelée par son fils, le maréchal de Grouchy, l'année dernière.

1440.

Troisième siège d'Harfleur, par Sommerset et le fameux Talbot, défendu par d'Estouteville ayant sous lui 400 gens de guerre et les bourgois qui firent des merveilles pendant quatre mois; ils sont enfin obligés de se rendre faute de vivres et de munitions, et sortent une seconde fois *avec un bâton blanc au poing*, il s'était donné un grand combat où le comte d'Eu avait été repoussé par mer et le comte de Dunois par terre.

Dans ce siège et dans le premier, la ville fut accablée par des globes de pierre, de 20 à 28 pouces de diamètre, lancés (*) par des bombardes, espèces de gros canots courts (11).

1449.

Quatrième siège, le huit décembre, par Charles VII, roi de France, et le comte de Dunois, son lieutenant-général; il avait, pour battre la ville, seize grosses bombardes et grand nombre de canons. Le roi visitait tous les jours la tranchée,

(*) Il s'en trouve encore dans Harfleur, taillés en forme de bombes.

portant *salade en tête* et son pavois à la main ; elle fut ouverte le huit décembre. On y souffrit *merveilleusement* par le froid qui était extraordinaire et par la mer qui pénétrait dans les tranchées ; cependant les travaux furent poussés avec vigueur par maître Jean Bureau, trésorier de France, gouverneur des canons et des mines, homme très-subtil et très-ingénieux en pareilles affaires. Thomas Aurmagan, voyant la grande puissance du roi de France, lui rendit la ville, le 25, jour de Noël, il obtint la liberté de se retirer avec sa garnison, *bagues sauves*, et lorsque la plaque de la bannière d'Angleterre, portant croix rouge en champ blanc, on posa celle de France, sur la tour de la chaîne, il y eut, dit Monstrelet, de grandes *crieries* en réjouissance.

En 1415, quatre cents hommes d'armes, aidés de la bourgeoisie, tinrent 40 jours contre trente mille Anglais, et, en 1449, seize cents hommes d'armes, ne tinrent dans la même ville, mieux pourvue, que 17 jours, contre dix mille Français seulement (12).

1770.

Le comte de Warvic vient avec une flotte y embarquer le secours que Louis XI donne à Marguerite d'Anjou, femme de Henri II, roi d'Angleterre.

1485.

Charles VIII y fait armer une flotte, portant quatre mille hommes, en faveur d'Henri VII, surnommé le Salomon de l'Angleterre.

1491.

Les Anglais veulent faire une descente au Chef-de-Caux, mais les habitans d'Harfleur s'y portèrent si vertueusement, qu'iceux Anglais qui étaient en grand exercice et l'armée de mer s'en retournèrent à leur confusion (13).

Février 1792.

Charte de Charles VIII, roi de France, elle est on ne peut pas plus honorable pour les habitans d'Harfleur, *qui avaient toujours été bons et loyaux à la couronne de France, et qui par leur vertueuse et grande conduite avaient été cause d'avoir expulsé et déchassé les Anglais hors;* et en récompense de leurs anciens services qui y sont détaillés, leur accorde les mêmes priviléges et avantages dont ils avaient joui avant la première descente des Anglais, les exempte à perpétuité de toutes tailles, subsides, aides, impositions mises et à mettre sus en son royaume, etc. (14).

Août 1520.

Grand repas à l'Hôtel-de-Ville, à l'arrivée de François Ier (*).

SAVOIR :

Pour 15 douzaines et demie de pain, à 2 sous la douzaine....................................	1 l.	11 s.
Pour perdrix, canards, videcoqs, plouviers, lapins, chapons et autres sauvagins.	7 l.	15 s.
2 Moutons à 16 s. pièce................	1 l.	12 s.
2 Gigots de mouton, à 2 sols 6 deniers pièce..	»	10 s.
6 Tartres à 3 s......................	»	18 s.
8 Livres de lard à larder, à 2 s........	»	16 s.
1 Douzaine de verres à pied..........	»	9 s.
57 Galons de vin, à 2 sous 6 deniers le pot..	14 l.	5 s.
	27	16

(*) Sous ce règne, 20 sous en monnoie de France, esquivalaient à 4 fr. 90 cent., 50 livres par mois correspondaient à 240 fr., monnoie actuelle. Le marc d'argent valait 12 fr. 34 cent., le setier de blé 79 cent., un mouton 1 fr. 15 cent.

Report de ci-contre.......	27	16
1 Ponchon de vin claret d'Orléans.....	8 l.	» s.
Pour avoir l'honneur de régaler un roi de France et sa suite.................	35 l.	16 s.
De plus, au fourrier................	8 l.	» s.
Aux laquais du seigneur-roi..........	6 l.	» s.

Année 1558.

Charles IX confirme la charte de Charles VIII.

1575.

Autre confirmation par Henri III.

1594.

Autre confirmation par Henri IV.

1621.

Lettre de Louis XIII aux habitans d'Harfleur, pour les rassurer sur la démolition de leurs fortifications, et leur continuer la jouissance des dons et concessions qui leur avaient été faites par les Rois ses prédécesseurs.

1645.

Charte de Louis XIV qui confirme les précédentes.

1777.

Les habitans délibèrent de faire célébrer, à pérpétuité, le 4 novembre, une grand'-messe précédée des 104 coups de cloche et suivie d'un *Te Deum* pour la conversation du Roi et de la Famille Royale, en mémoire de ce que 104 habitans, originaires de la ville, en expulsèrent les Anglais à pareil jour de l'année 1435, et ce vœu s'accomplit tous les ans.

Le récit de M. Letellier, imprimé en 1786, n'a pas étendu plus loin ses recherches ; il est vrai que depuis Harfleur a peu acquis ; elle a, au contraire, perdu en partie ce qui lui restait de son ancienne enceinte, par la prise de possession des terrains ; il ne reste plus de tous ses moyens de défense, à l'Ouest, qu'un pan de mur et une petite porte, dont la direction est tournée du côté de l'Heure et, à l'Est, à la sortie de la place d'Armes, des bouts de muraille, figurant une ancienne porte avec une voûte et des meurtrières ; cette sortie donne accès à la vieille route ;

Quant à l'église, encore bien que notre compatriote, Casimir Delavigne, ait dit :

> Ce beau clocher d'Harfleur,
> Que l'Anglais a bati
> Et qu'il n'a su défendre.

Un vieux manuscrit écrit sous le règne de Louis XIV, rapporte qu'aussitôt qu'Henry V fut maître de la ville, il se fit déchausser et se rendit pieds-nus à l'église St-Martin, pour remercier le très-haut de sa conquête ; cette église existait donc déjà. Pour le clocher, on ne trouve rien de positif sur l'époque de sa construction, les uns l'attribuent comme un triomphe de bataille d'Azincourt, d'autres prétendent qu'il existait quatre années (1411) avant la première possession des Anglais, toujours est-il que cette église n'a point été achevée.

Bien avant 1789, l'espace vide qui se trouvait entre ce qui a été conservé de l'édifice et jusqu'à la fontaine qui se trouve au Nord, par la rue qui accède à la route de

Montivilliers, cet espace qui était couvert de ronces, représentait encore une partie des colonnes et des corniches enlacées de lierre et d'autres herbes, une grande quantité de pierres taillées couvraient le sol, cette église avait été tracée sur un grand plan : le côté Sud qui était la partie latérale, avait la charpente de la voûte à découvert intérieurement. On fut contraint, pour cause de vétusté, de l'abattre il y a quelques années, et de réduire le temple à la petite proportion qu'il est aujourd'hui ; les chapelles de ce côté renfermaient plusieurs tombeaux avec des épitaphes en lettres gothiques, une d'elles se terminait ainsi : *tant regrettai des Anglois.*

Sans doute l'occupation presque successive de 34 ans, par les Anglais, a arrêté le complément de cet édifice ; puis le port d'Harfleur, s'étant trouvé comblé, ses relations commerciales anéanties et sa population dispersée, l'importance que présentait cette ville n'existant plus, on abandonna les travaux : Son clocher a subi quelques épreuves du tems. En 1806, la flèche ayant une forte inclinaison vers l'Est, on la redressa, puis il y a peu d'années on en fit tomber une partie dont la réparation eut lieu immédiatement.

La Statue de Saint-Martin, patron de cette église, était posée sur la principale façade, elle le représentait monté à cheval, coupant un pan de son habit pour le donner à un pauvre, sous la figure du Diable, elle fut abattue comme tant d'autres pendant la révolution ; on fit aussi intérieurement des fouilles pour en extraire et manipuler le salpêtre. Des caveaux existent sous cette Église.

Pendant les réparations devenues nécessaires pour la nouvelle clôture, l'office divin fut célébré dans l'établissement d'une ancienne minoterie, sur le Quai, qui avait été fondée en 1790, sur l'emplacement, jardin et église des ci-devant Capucins ; cette minoterie était désignée comme domaine national, appelé la Maison-Blanche ou le Moulin à Vapeurs.

Cette propriété avait été primitivement acquise du domaine, par MM. Ostervald, de Neufchatel en Suisse et Jacques Devisme, d'Harfleur, pour la manutention des farines pour les colonies, la direction en était confiée à M. Jean-Félix Hauvé l'ainé.

La guerre maritime de 1793, anéantit ces relations: racheté ensuite par le Gouvernement, les constructions en furent acquises par M. Firmin-Sénéchal, entrepreneur des travaux publics au Havre, qui d'une partie de ces constructions en fit construire la maison sur le Quai de la Barre, occupée par M. Pontz.

Une raffinerie de sucre, fondée par MM. Duval, beaux-frères, est actuellement gérée par MM. Saglio.

Une faïencerie était dirigée par M. Decaen.

En 1806, un pont à bascule fut établi à l'embranchement de la route de Paris au Havre, avec celle du Havre à Dunkerque.

En 1813, le marché aux grains qui existait précédemment a été rétabli.

Des travaux faits et d'autres à faire tendent à l'amélioration de la Lézarde.

Quelques extraits de manuscrits et des notes donneront par la suite plus de développement à l'histoire d'Harfleur.

VÉRITABLE ORIGINE DE LA SCIE.

Extrait d'une Chronique.

M. Charles Cossé, premier de ce nom, comte de Brissac, pourvu du gouvernement d'Harfleur, en 1544, est celui à qui on doit rapporter l'époque de cet amusant spectacle. On sait que les armoiries de cette famille originaire d'Anjou, qui a toujours tenu et tient encore un rang très-distingué dans le royaume, sont de sable, aux trois faces d'Enchée ou feuilles d'or.

Ce seigneur, dont la générosité faisait le caractère, n'ayant signalé son pouvoir envers la ville que par les différents bienfaits dont il combla les habitans dès qu'elle fut confiée à ses soins, captiva tellement leurs cœurs, qu'ils ne respirèrent jamais qu'après les moyens de lui témoigner en toutes occasions leur plus sincère attachement. Nommé maréchal de France par lettres patentes données à Mantes, le 21 août 1550, cette promotion les mit dans le cas de lui en donner des preuves ; mais leur joie fut complète lorsqu'ils eurent l'avantage de recevoir chez eux ce digne et zélé protecteur que les circonstances appelèrent à Harfleur, précisément dans le temps du carnaval de l'année suivante ; chacun s'empressa de faire connaître la satisfaction particulière qu'il ressentait d'une visite aussi distinguée, les assemblées de masques n'en furent que plus fréquentées et plus recherchées.

M. de Brissac voulut lui-même y donner les mains en permettant aux jeunes gens du lieu de porter, comme en triomphe, l'écusson de ses armes, à côté des deux bâtons de maréchal. La profonde vénération qu'ils avaient pour M. le gouverneur les engagea à baiser avec respect cette marque précieuse de son attention et à la présenter à ceux qui n'étant point de leur troupe étaient cependant pénétrés des mêmes sentimens à son égard, et ceux-là animés du même motif, en firent tous également autant.

Pour donner plus d'éclat à ce trait d'une complaisance aussi peu attendue, les bourgeois montèrent à cheval sous leur habit de masque, le Mardi-

Gras, et furent à l'Hôtel-de-Ville, qui était pour lors un grand emplacement situé au bas du pont, dans les différentes rues et carrefours publics au son des instruments, chantant à haute voix la gloire du nouveau maréchal; ils terminèrent le soir cette brillante fête, avec les regrets les plus amers de ce que la journée n'avait point été plus longue, dans la cour d'un sieur Jean de Thiboutot, un des leurs, chez lequel ils laissèrent en dépôt ce même écusson, et dont la maison a toujours été regardée depuis comme son dernier asile et qui est nommée communément la Cour de la Folie.

Ces plaisirs innocents qui n'avaient pour but que la déférence due à un protecteur du premier ordre, furent aussi applaudis du public que bien accueillis de celui qui en était le principal objet. Mme Charlotte d'Étot son épouse, s'étant pareillement trouvée à Harfleur au mois de février 1555, voulut elle-même en être spectatrice et ils furent réitérés avec le même éclat et la même pompe en sa présence et sous ses auspices le Mardi-Gras de cette année, l'approbation qu'elle y donna fut un ordre tacite de ne les point interrompre, au point qu'étant du goût des grands et des petits, ils passèrent bientôt en usage.

Ce maréchal s'étant démis, quelques années avant sa mort, arrivée le 31 décembre 1565, de son gouvernement, en faveur de Mre Jacques Delamare, chevalier, seigneur de Veauville, cet autre charmé de ces divertissements qui lui rappelaient sans cesse le souvenir de celui à qui il était redevable de sa dignité, mit tout en œuvre pour les perpétuer; ils reprirent toute leur force en 1568, que M. Charles de Cossé, comte de Brissac, chatelain de Ligny, fils du précédent, fut installé dans le même emploi.

Ce dernier, aussi devenu maréchal de France en 1594, ayant été à la tête du gouvernement d'Harfleur l'espace de plus de 42 ans, ne fut pas moins favorable à la ville que feu M. son père et l'écusson de ses armes et les deux bâtons de maréchal, y devinrent de plus en plus en singulière recommandation. En les exposant aux yeux des habitans, on leur rappelait aussitôt le nom et les bienfaits de MM. de Brissac et cette idée les pénétrait d'une si grande vénération qu'elle était suffisante pour les retenir dans les devoirs les plus sacrés de la société.

Ainsi cette cérémonie prise, dans son véritable sens, n'était autre chose qu'un hommage qu'on rendait à la personne de M. le gouverneur; c'est dans cette idée que des officiers militaires et des conseillers de cour souveraine, qui en ont eu connaissance, bien loin de la dédaigner se sont fait un devoir de l'autoriser, sans craindre de déroger à la noblesse de leur sang ou à la solidité de leurs lumières. Elle était une preuve vivante et continuelle de cette inviolable et sincère fidélité des habitans d'Harfleur envers leurs maîtres, et un témoignage authentique qu'ils n'oubliaient jamais les services qu'ils en recevaient.

La mémoire des Brissac, des Richelieu, des D'Aiguillon, des Navailles, des St-Aignan, leur était toujours si précieuse que c'était pour en transmettre le souvenir à la postérité, qu'ils se livraient avec tant de joie à ces divertissements, qu'ils regardaient comme un tribut annuel dû aux bienfaits de ces anciens et illustres protecteurs.

NOTICES.

(1) Negarel, Chronique de Normandie, page 3.

(2) Archives de l'Abbaye de Montivilliers.

(3) Alain Blanchard, histoire d'Angleterre. Duchesne, histoire d'Angleterre, page 185.
Annotations sur les Gaules par Hottman.

(4) Larocque, tome 5, page 5.

(5) Annales de Bouchet, page 60.

(6) Froissard, volume 1er, page 129.
Duverdier, histoire d'Angleterre, tome 2, page 52.

(7) Froissard, volume 1er, page 349.
Légende des Flamands, page 61.

(8) Monstrelet, volume 1er, page 218
Annales de F. Hottman, page 352.
Chronique de Normandie.
Charte de Charles VIII, en février 1492.

(9) Chronique de Normandie.

(10) Monstrelet, vol. 1er, p. 110, et Ccharte de Charles VIII.
Deserres, tome 3, page 212.
Duchesne, page 867.

(11) Monstrelet, volume 2, page 169.

(12) Monstrelet, vol. 3, page 24.
Duchesne, page 806.

(13) Charte de Charles VIII.

(14). Archives de la Ville.

(15) *Idem.*

(16) Extrait d'une Chronique.

www.ingramcontent.com/pod-product-compliance
Lightning Source LLC
Chambersburg PA
CBHW060710050426
42451CB00010B/1371